mini monde vivant

Des animaux de toutes sortes

D1245654

CENTRAL LIBRARY
905-884-9288

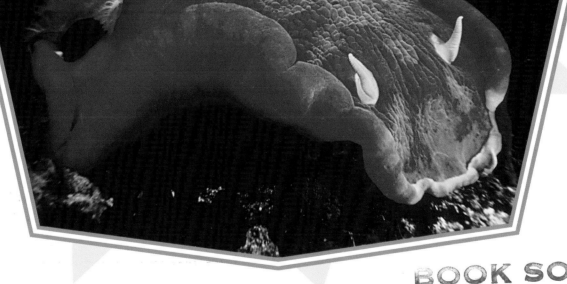

Molly Aloian et Bobbie Kalman

Traduction de Marie-Josée Brière

BOOK SOLD
NO LONGER R.H.P.L.
PROPERTY

Des animaux de toutes sortes est la traduction de *Many Kinds of Animals* de Molly Aloian et Bobbie Kalman (ISBN 978-7787-2214-4).
© 2005, Crabtree Publishing Company, 616 Welland Ave., St. Catharines, Ontario, Canada L2M 5V6

Catalogage avant publication de Bibliothèque et Archives nationales du Québec et Bibliothèque et Archives Canada

Aloian, Molly

Des animaux de toutes sortes

(Mini monde vivant)
Traduction de: Many kinds of animals.
Comprend un index.
Pour enfants de 5 à 8 ans.

ISBN 978-2-89579-369-4

1. Animaux - Ouvrages pour la jeunesse. I. Kalman, Bobbie, 1947- . II. Titre. III. Collection : Kalman, Bobbie, 1947- . Mini monde vivant.

QL49.A3614 2011   j590   C2010-942580-4

RICHMOND HILL
PUBLIC LIBRARY

JUL 2 1 2011

CENTRAL LIBRARY
905-884-9288

Recherche de photos
Crystal Foxton

Conseillère
Patricia Loesche, Ph.D., Programme de comportement animal, Département de psychologie, Université de Washington

Illustrations
Barbara Bedell : pages 4 (sauf grenouille), 6 (en haut, à gauche et à droite), 9 (limace), 10 (en haut, à gauche et à droite), 12, 17 (sauf chétopode), 20 (mille-pattes), 22 (hippocampe), 26, 27, 29 (en bas), 30 et 32 (sauf amphibiens et mammifères)
Anne Giffard : page 15
Katherine Kantor : pages 5 (serpent), 10 (serpent) et 29 (en haut)
Cori Marvin : page 14
Jeannette McNaughton-Julich : page 28 (en haut, à gauche et à droite)
Margaret Amy Reiach : pages 5 (sauf serpent), 6 (escargot), 8, 9 (pieuvre), 18, 19, 20 (sauf mille-pattes), 21 et 22 (poisson)
Bonna Rouse : pages 7, 11, 16, 17 (chétopode), 24, 25, 28 (à droite) et 32 (amphibiens et mammifères)
Tiffany Wybouw : page 4 (grenouille)

Photos
Bobbie Kalman : page 28
Autres images : Adobe Image Library, Brand X Pictures, Corbis, Corel, Creatas, Digital Stock, Digital Vision, Eyewire, Otto Rogge Photography et Photodisc

Nous reconnaissons l'aide financière du gouvernement du Canada par l'entremise du Fonds du livre du Canada (FLC) pour des activités de développement de notre entreprise.

 Conseil des Arts **Canada Council**
du Canada **for the Arts**

Bayard Canada Livres inc. remercie le Conseil des Arts du Canada du soutien accordé à son programme d'édition dans le cadre du Programme des subventions globales aux éditeurs.

Cet ouvrage a été publié avec le soutien de la SODEC. Gouvernement du Québec – Programme de crédit d'impôt pour l'édition de livres – Gestion SODEC.

Dépôt légal – Bibliothèque et Archives nationales du Québec, 2011
Bibliothèque et Archives Canada, 2011

Direction : Andrée-Anne Gratton
Graphisme : Mardigrafe
Traduction : Marie-Josée Brière
Révision : Johanne Champagne

© Bayard Canada Livres inc., 2011
4475, rue Frontenac
Montréal (Québec)
Canada H2H 2S2
Téléphone : 514 844-2111 ou 1 866 844-2111
Télécopieur : 514 278-0072
Courriel : **edition@bayardcanada.com**
Site Internet : **www.bayardlivres.ca**

Imprimé au Canada

Table des matières

De nombreux groupes

Les animaux sont des êtres vivants.
On en trouve dans le monde entier.
Certains animaux vivent dans l'eau,
et d'autres sur la terre ferme.
Il existe de nombreux groupes
d'animaux. En voici quelques-uns.
Combien de ces animaux connais-tu ?

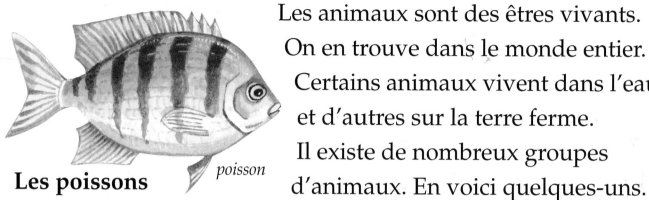

poisson

Les poissons

Les **poissons** forment
un groupe d'animaux.

escargot

Les mollusques

Les escargots font partie
du groupe des **mollusques**.

grenouille

Les amphibiens

Les grenouilles
appartiennent
au groupe des
amphibiens.

ver

Les vers

Il y a beaucoup d'espèces
dans le groupe des **vers**.

araignée

Les arthropodes

Le groupe des **arthropodes**
comprend les araignées.

4

serpent

Les reptiles

Les serpents appartiennent à un groupe d'animaux appelés «**reptiles**».

ours

Les oiseaux

Les **oiseaux** forment leur propre groupe d'animaux.

oiseau

chat

Les mammifères

Il y a aussi un groupe d'animaux appelés «**mammifères**». Les ours et les chats sont des mammifères. Les humains aussi.

Un corps bien protégé

Le corps des animaux est protégé de différentes façons. La plupart des mammifères sont couverts de poils ou de fourrure. Les reptiles sont couverts d'écailles. Les oiseaux sont couverts de plumes. Les arthropodes sont couverts d'une enveloppe dure appelée « exosquelette ».

Les serpents sont des reptiles. Leur corps est couvert d'écailles.

écailles

La plupart des poissons sont aussi couverts d'écailles.

exosquelette

Les arthropodes, comme ce coléoptère, sont protégés par un exosquelette.

Les escargots sont des mollusques. Leur corps est protégé par une coquille dure.

Les oiseaux ont le corps couvert de plumes, qui les aident à voler.

Les humains sont des mammifères. Ils ont des poils et des cheveux.

Les chiens sont des mammifères. Ils sont couverts de fourrure.

Cette salamandre est un amphibien. Sa peau est lisse et visqueuse.

La colonne vertébrale

colonne vertébrale

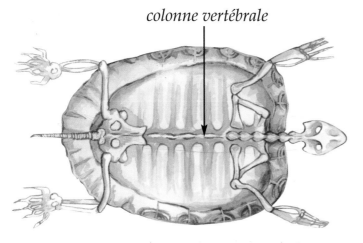

La colonne vertébrale de la tortue est à l'intérieur de son corps.

Certains animaux ont une série d'os au milieu du dos. C'est leur **colonne vertébrale**. Les humains aussi en ont une.

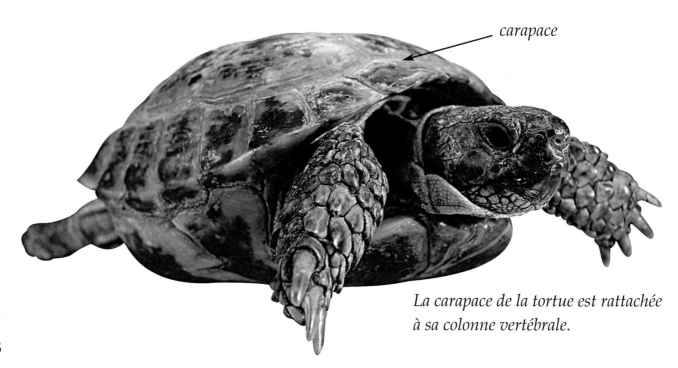

carapace

La carapace de la tortue est rattachée à sa colonne vertébrale.

Sans colonne

La plupart des animaux
de la Terre n'ont pas
de colonne vertébrale.
En fait, ils n'ont pas d'os
du tout !

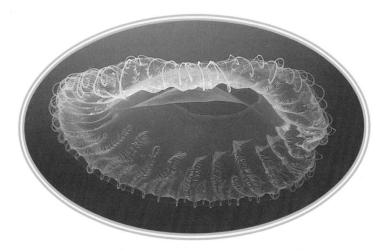

Les méduses n'ont pas de colonne vertébrale.

*Les mille-pattes
n'ont pas de
colonne vertébrale.*

*Les limaces n'ont pas
de colonne vertébrale.*

Un corps mou

Beaucoup d'animaux
sans colonne vertébrale,
comme les pieuvres, ont
le corps mou. Les pieuvres
sont des mollusques.

Sang froid ou sang chaud ?

Les reptiles sont des animaux
à sang froid.

La plupart des animaux sont à sang froid. La température de leur corps change constamment. Quand il fait chaud, leur corps est chaud. Quand il fait froid, leur corps est froid. Pour se réchauffer, les animaux à sang froid s'installent au soleil.

Ce ouaouaron est un amphibien. C'est un animal à sang froid. Il se réchauffe au soleil.

À sang chaud

Les animaux à sang chaud ont le corps chaud. La température de leur corps ne varie pas beaucoup, même s'ils se trouvent dans un endroit froid. Les ours et les autres mammifères sont des animaux à sang chaud. Les humains aussi.

Les oiseaux, comme ce perroquet, sont des animaux à sang chaud.

11

Où vivent les animaux ?

Un **habitat**, c'est l'endroit où un animal vit à l'état naturel. Les animaux ont différents habitats, comme les forêts, les déserts ou les champs. Certains animaux vivent même dans des endroits où il fait un froid glacial !

On gèle !

Les manchots, à gauche, sont des oiseaux. Ils vivent en Antarctique, où il fait toujours froid. La majeure partie de l'Antarctique est couverte de neige et de glace. Les manchots vivent sur la glace et nagent dans l'eau froide.

Beaucoup de lézards vivent dans des déserts chauds. Les déserts sont des habitats où il pleut très peu.

Les ratons laveurs vivent dans les forêts. Celui-ci habite dans un arbre.

La vie dans l'eau

Les poissons et beaucoup d'autres animaux vivent dans l'eau. La plupart de ces animaux savent nager. Certains animaux qui vivent sur la terre ferme savent nager aussi. Nomme trois animaux terrestres qui savent nager. Et toi, sais-tu nager ?

Les loutres de mer vivent dans l'eau.

Les modes de déplacement

Les animaux ne se déplacent pas tous de la même manière. Certains marchent ou courent. D'autres sautent, volent ou nagent. Regarde comment se déplacent les animaux de cette page. Et toi, comment te déplaces-tu dans l'eau ? Et pour monter une côte ?

Les papillons volent en battant des ailes.

Les chevaux marchent ou courent. Ils peuvent aussi nager et sauter.

La plupart des oiseaux sont capables de voler. Ce balbuzard se déplace constamment pour trouver sa nourriture.

Les serpents rampent, ce qui veut dire qu'ils glissent sur le ventre.

Sur la terre ferme, les tigres marchent ou courent. Dans l'eau, ils nagent.

Le kangourou saute, grâce à ses pattes arrière puissantes.

La sauterelle est un autre animal qui saute.

15

Éponges, étoiles de mer et coraux

Contrairement à ce qu'on pourrait croire, les éponges, les étoiles de mer et les coraux sont des animaux ! Ils n'ont pas de tête ni de cerveau. Ils vivent dans les océans.

L'étoile de mer a un corps simple. Elle a cinq bras tous semblables.

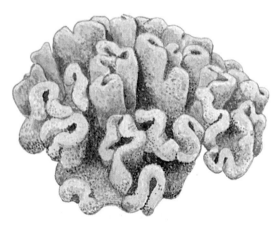

Les coraux peuvent avoir différentes couleurs. Il y en a des roses, des orangés et des verts.

Cette éponge tubulaire ressemble à une plante, mais c'est un animal.

Les vers

Il y a beaucoup de sortes de vers. Certains vers vivent sous la terre. D'autres vivent dans les océans. Ceux qui vivent sous la terre ont un corps mou, long et mince. Certains des vers qui vivent dans les océans ressemblent à des arbres de Noël !

Les sabelles vivent dans les océans.

Les chétopodes vivent aussi dans les océans. Leur corps est couvert de minuscules poils appelés « soies ».

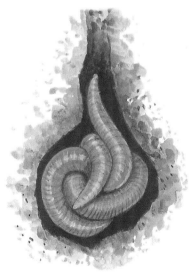

Les vers de terre vivent dans le sol. Celui-ci est dans son terrier. Un terrier, c'est une habitation souterraine.

Les mollusques

Les mollusques sont des animaux au corps mou. Ils n'ont pas de colonne vertébrale. La plupart des mollusques ont une coquille. Certains vivent sur la terre ferme. D'autres vivent dans l'eau. La lime rouge des Caraïbes, qu'on voit ici, est un mollusque qui vit dans l'eau.

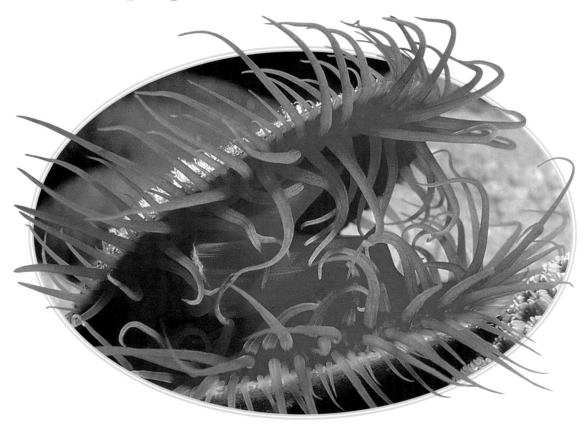

*La palourde a une coquille double
qui protège son corps mou.*

L'escargot est un mollusque qui a une coquille.

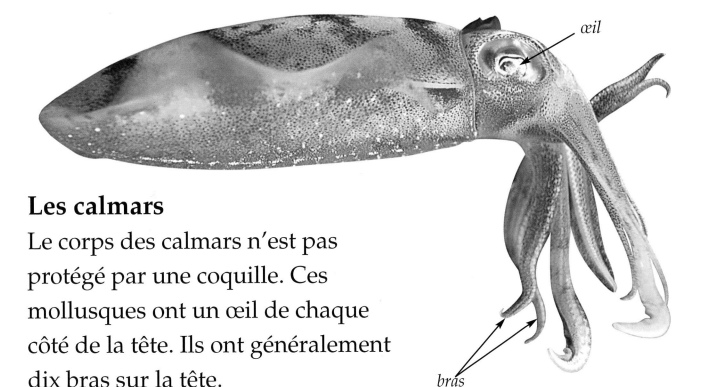

œil

brás

Les calmars

Le corps des calmars n'est pas
protégé par une coquille. Ces
mollusques ont un œil de chaque
côté de la tête. Ils ont généralement
dix bras sur la tête.

19

Les arthropodes

Il y a des millions d'espèces d'arthropodes sur la Terre. Tous les arthropodes ont des pattes qui se plient. Les insectes, les crabes et les araignées, par exemple, sont des arthropodes.

Plein de pattes !

Les insectes sont des arthropodes à six pattes. Les araignées sont des arthropodes à huit pattes. Il y a même des arthropodes qui ont plus de 100 pattes !

L'araignée a huit pattes. Chacune de ses pattes se plie.

Les mille-pattes n'ont pas vraiment 1 000 pattes. Mais certaines espèces en ont quand même plus de 100 !

Le crabe est un arthropode qui a 10 pattes.

Battements d'ailes

Certains arthropodes ont des ailes.
C'est le cas de plusieurs insectes,
comme les papillons, les abeilles
et les mouches. Ces arthropodes
se servent de leurs ailes pour voler
d'un endroit à l'autre.

Beaucoup de papillons ont des ailes très colorées.

Les poissons

Les poissons vivent dans l'eau. Ce sont des animaux à sang froid, qui ont une colonne vertébrale. La plupart des poissons ont le corps couvert d'écailles. Il y a des poissons de toutes les formes, de toutes les couleurs et de toutes les tailles. Il y en a des tout petits et des très gros. Certains requins sont énormes !

La murène est un poisson qui ressemble à un serpent.

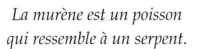

L'hippocampe n'a pas l'air d'un poisson, mais c'en est un !

Les nageoires

Les poissons n'ont pas de pattes pour se déplacer. À la place, ils ont des nageoires, de différentes formes et de différentes tailles. Les poissons se servent de leurs nageoires pour se déplacer dans l'eau.

nageoires

nageoires

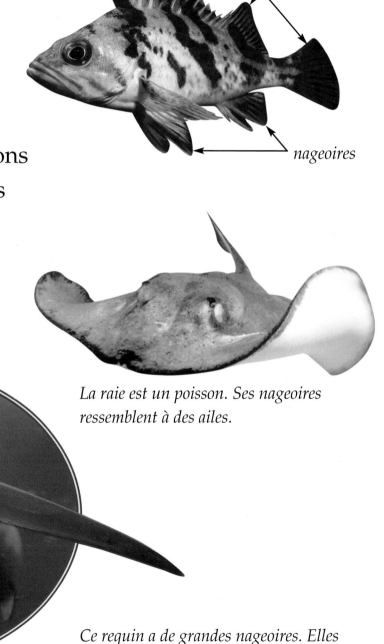

La raie est un poisson. Ses nageoires ressemblent à des ailes.

Ce requin a de grandes nageoires. Elles lui permettent de nager rapidement.

23

 # Les amphibiens

Les bébés grenouilles s'appellent des « têtards ». Les têtards vivent dans l'eau. La plupart des grenouilles adultes vivent sur la terre ferme.

Les grenouilles et les crapauds sont des amphibiens. Ces animaux ont la particularité de vivre dans l'eau et sur la terre. Quand ils sont bébés, les amphibiens vivent dans l'eau. Une fois adultes, ils vivent sur la terre ferme.

Grenouille ou crapaud ?

Il est souvent difficile de faire la différence entre une grenouille et un crapaud. En général, les grenouilles ont la peau lisse et humide. Les crapauds, eux, ont la peau sèche et rugueuse. Et les pattes arrière des grenouilles sont longues. Celles des crapauds sont plus courtes.

La peau de ce crapaud est couverte de bosses.

salamandre

Des amphibiens à queue

Les salamandres et les tritons sont des amphibiens. Ils ont une queue. À l'âge adulte, les crapauds et les grenouilles n'en ont pas.

triton

25

Les reptiles

Les tortues et les lézards sont des reptiles. La plupart des reptiles ont quatre pattes, mais certains n'en ont pas du tout !

Gros ou petits ?

Certains reptiles, comme les geckos, sont petits. D'autres sont beaucoup plus gros. Les crocodiles et les alligators sont de gros reptiles très forts.

Certains serpents sont très longs.

Les lézards sont des reptiles. Comme tous les reptiles, ils sont couverts d'écailles.

Une carapace

Les tortues aussi sont des reptiles. Certaines espèces vivent surtout dans l'eau, et d'autres vivent sur la terre ferme. Toutes les tortues ont une carapace. Elles se déplacent lentement sur la terre ferme parce que leur carapace est très lourde.

Les tortues terrestres doivent avoir de bonnes pattes pour pouvoir transporter leur lourde carapace.

Les tortues de mer passent presque tout leur temps dans l'eau.

⇝ Les oiseaux ⇝

Il y a beaucoup d'espèces d'oiseaux sur la Terre. Ce sont les seuls animaux couverts de plumes. Certains oiseaux sont gros, d'autres sont tout petits, mais ils ont tous deux ailes. La plupart des oiseaux peuvent voler, mais quelques espèces en sont incapables.

Ces perroquets ont des plumes très colorées.

Les autruches ont des ailes, mais elles ne volent pas. Elles courent sur leurs longues pattes musclées.

Un beau bec!

Tous les oiseaux ont un bec. Ce bec peut être long et étroit, ou court et recourbé. Beaucoup d'oiseaux se servent de leur bec pour construire leur maison, qu'on appelle un « nid ». Les oiseaux trouvent aussi leur nourriture avec leur bec. Et ils la transportent ensuite dans leur bec.

Le grand héron est un oiseau qui se nourrit dans l'eau. Il attrape des poissons avec son long bec.

Les bébés oiseaux sont des « oisillons ». Ceux-ci ont ouvert leur bec. Ils sont dans leur nid et attendent de se faire nourrir.

Le toucan se sert de son gros bec pour prendre des fruits dans les arbres, et aussi pour attraper des insectes et des petits reptiles à manger.

29

Les mammifères

Les mammifères sont des animaux à sang chaud. Ils ont tous une colonne vertébrale. Il y en a beaucoup de sortes, comme les chats, les chiens, les chevaux, les baleines, les dauphins… et les humains !

Ce garçon et son chat sont tous les deux des mammifères. Tout comme toi !

Certains mammifères, comme les dauphins, vivent dans l'eau.

Les bébés mammifères

Chez la plupart des mammifères, les mères s'occupent de leurs petits. Elles fabriquent, dans leur corps, du lait pour nourrir leurs bébés. Les bébés se nourrissent uniquement de ce lait pendant plusieurs semaines ou plusieurs mois. Quand les petits sont assez grands, leur mère leur montre à trouver de la nourriture tout seuls.

Les bébés mammifères ressemblent à leurs parents.

Les bébés mammifères boivent le lait que leur mère fabrique à l'intérieur de son corps. C'est ce que font ces deux bébés tigres.

Index et mots à retenir

amphibiens
pages 4, 7, 10, 24-25

arthropodes
pages 4, 6, 20-21

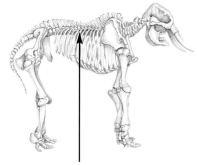

colonne vertébrale
pages 8-9, 18, 22, 30

désert *forêt*

habitats
pages 12-13

mammifères
pages 5, 6, 7, 11, 30-31

mollusques
pages 4, 6, 9, 18-19

oiseaux
pages 5, 6, 7, 11, 12, 15, 28-29

poissons
pages 4, 6, 13, 22-23, 29

reptiles
pages 5, 6, 10, 26-27, 29

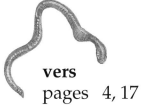

vers
pages 4, 17